BEI GRIN MACHT SICH IHR WISSEN BEZAHLT

- Wir veröffentlichen Ihre Hausarbeit, Bachelor- und Masterarbeit

- Ihr eigenes eBook und Buch - weltweit in allen wichtigen Shops

- Verdienen Sie an jedem Verkauf

Jetzt bei www.GRIN.com hochladen und kostenlos publizieren

Bibliografische Information der Deutschen Nationalbibliothek:

Die Deutsche Bibliothek verzeichnet diese Publikation in der Deutschen National-bibliografie; detaillierte bibliografische Daten sind im Internet über http://dnb.d-nb.de/ abrufbar.

Impressum:

Copyright © 2018 GRIN Verlag
Druck und Bindung: Books on Demand GmbH, Norderstedt Germany
ISBN: 9783668884748

Dieses Buch bei GRIN:

https://www.grin.com/document/455657

Simon Landmesser

Aus der Reihe: e-fellows.net stipendiaten-wissen

e-fellows.net (Hrsg.)

Band 2986

Kooperative Führung in der Polizei als verbindliche Führungsverhaltensvorschrift

GRIN Verlag

GRIN - Your knowledge has value

Der GRIN Verlag publiziert seit 1998 wissenschaftliche Arbeiten von Studenten, Hochschullehrern und anderen Akademikern als eBook und gedrucktes Buch. Die Verlagswebsite www.grin.com ist die ideale Plattform zur Veröffentlichung von Hausarbeiten, Abschlussarbeiten, wissenschaftlichen Aufsätzen, Dissertationen und Fachbüchern.

Besuchen Sie uns im Internet:

http://www.grin.com/

http://www.facebook.com/grincom

http://www.twitter.com/grin_com

Hausarbeit an der Universität Kassel zum Thema

Kooperative Führung in der Polizei als verbindliche Führungsverhaltensvorschrift

Verfasser: Simon Landmesser

Datum der Abgabe: 20.09.2018

GLIEDERUNG

1 Einleitung

Die Polizei ist eine Organisation mit militärischen Wurzeln, die sich durch Über- und Unterordnungsverhältnisse kennzeichnet, die bereits äußerlich anhand der Dienstgrade auf der Uniform sichtbar sind. Nicht selten wird sie als Idealbild für Max Webers Bürokratiemodell gesehen (Mensching 2008: 81). In der Außenansicht ist es eine Organisation, die sich „über Befehl und Gehorsam organisiert und durch klare hierarchische Strukturen geprägt ist." (ebd.). So drängt sich schnell die Vermutung auf, dass in der Polizei ein autoritärer Führungsstil herrscht. Ein Blick in die Polizeidienstvorschrift (PDV) 100, welche verbindliche Grundlage polizeilicher Arbeit für alle Polizeien in Deutschland darstellt, zeichnet jedoch ein anderes Bild. So findet man dort eine klare Regelung, wie in den deutschen Polizeien geführt werden muss. „Das Kooperative Führungssystem (KFS) [...] ist verbindliche Führungskonzeption, in der sich aufgaben- und mitarbeiterbezogenes Führungsverhalten ergänzen." (aus Huf 2010: 32). Kooperative Führung ist also vorgeschrieben. Die Einführung dieser Führungsverhaltensvorschrift war Teil eines Wandels im Führungsverständnis innerhalb der deutschen Polizeien in den sechziger und siebziger Jahren des vergangenen Jahrhunderts (ebd.: 18).

Seit der Einführung hat sich die Forschung im Bereich der Personalführung weiterentwickelt. Außerdem steht die Polizei vor der Herausforderung der Integration der sogenannten Generation Y und Z, welche sich unter anderem durch eine hohe Informationalisierung, Globalität und Flexibilität auszeichnen (Schulenburg 2016: 10). Die seit über 30 Jahren geltende Führungsverhaltensvorschrift in den Polizeien wird in den letzten Jahren vermehrt kritisch betrachtet (Neidhardt 2017: 326). Vor diesem Hintergrund stellt sich folgende Forschungsfrage: Welche Stärken und Schwächen hat die verbindliche Führungsverhaltensvorschrift zur kooperativen Führung in den Polizeien der Länder und des Bundes?

Zur Beantwortung dieser Frage wird zunächst die kooperative Führung allgemein und das kooperative Führungssystem in der Polizei begrifflich eingeordnet. Anschließend wird die Entstehung und Verbindlichkeit der Führungsverhaltensvorschrift herausgearbeitet und dieses auf Stärken und Schwächen im Kontext mit der Polizei als Organisation analysiert. Alternative Ansätze anhand aktueller Forschungen werden aufgezeigt. Die Arbeit schließt mit einem Fazit.

2 Begriffliche Einordnung

2.1 Kooperative Führung als Führungsstil

Die kooperative Führung zeichnet sich als Führungsstil dadurch aus, dass die Mitarbeiter[1] durch die Führungskraft in die Besprechung von Zielen und Aufgaben eingebunden werden. Die Mitarbeiter entwickeln Vorschläge, welche die Führungskraft gleichberechtigt behandelt. Sie entscheidet schlussendlich darüber, welche Lösung gewählt wird (Schirmer/Woydt 2016: 166f.). Tannenbaum und Schmidt (1958) ordneten sieben eindimensionalen Führungsstile einem Führungsstilkontinuum zu, welches sich „nach dem Ausmaß der Führungsautorität und der Mitarbeiterpartizipation" (Schirmer/Woydt 2016: 166) staffelt. Dabei ist der kooperative Führungsstil einem Bereich zuzuordnen, bei dem der Mitwirkungsspielraum der Mitarbeiter den Entscheidungsspielraum des Vorgesetzten überwiegt und somit die Partizipation im Vordergrund steht (siehe Abb. 1).

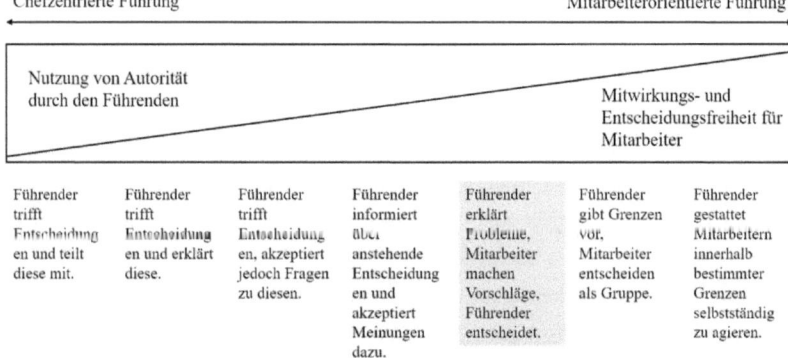

Abb. 1: *Führungsstilkontinuum nach Tannenbaum/Schmidt (1973: 164), kooperativer Führungsstil orange markiert.*

Laut Tannenbaum/Schmidt ist die erste Aufgabe der Führungskraft im kooperativen Führungsstil die Identifikation von Problemen. Den größten Vorteil der kooperativen Führung beschreiben sie folgendermaßen: „The purpose is to capitalize on the knowledge and experience of those who are on the ‚firing line.'" (Tannenbaum/Schmidt 1973: 168)

---

[1] Aus Gründen der besseren Lesbarkeit wird im weiteren Verlauf auf die Formulierung der weiblichen Form verzichtet, die Verwendung der männlichen Form soll als geschlechtsunabhängig gelten.

2.2 Kooperatives Führungssystem in der Polizei

Mit Einführung der kooperativen Führung als verbindliche Führungsverhaltensvorschrift in der Polizei wurde auch das Führungsinstrument festgelegt, mittels dessen diese umgesetzt werden soll (Uhlendorff/Jäger 2011: 25). Verbindliche Führungskonzeption ist laut Polizeidienstvorschrift (PDV) 100 das sogenannte Kooperative Führungssystem (Huf 2010: 20). Dieses wurde in den 70er-Jahren durch Altmann und Berndt entwickelt, die beide an der Polizeiführungsakademie[2] lehrten (Neidhardt 2017: 302). Es zeichnet sich durch seine sechs Kernelemente der Delegation, Beteiligung, Transparenz, Repräsentation, Kontrolle und Leistungsfeststellung-/bewertung aus (Huf 2010: 26-31). Grundannahme des Kooperativen Führungssystems ist das Y-Menschenbild nach McGregor, wonach die Mitarbeiter als fleißig, kreativ und verantwortungsbewusst angesehen werden. Dabei ist ein wichtiger Eckpfeiler für die Umsetzung des Kooperativen Führungssystems das wechselseitige Vertrauen sowie die offene und ehrliche Kommunikation zwischen Führungskraft und Mitarbeiter (ebd.: 23-25).

3 Kooperative Führung in der Polizei

3.1 Verbindlichkeit des Führungsstils

3.1.1 Formal

Der Wandel des Führungsverständnisses in den Polizeien der Länder und des Bundes vollzog sich in Deutschland in den 60er- und 70er-Jahren. Maßgeblich geprägt wurde dieser, wie bereits zuvor dargestellt, durch Altmann und Berndt (Neidhardt 2017: 302). Im Jahr 1974 wurde die kooperative Führung für die Polizei erstmalig auch im Programm für Innere Sicherheit festgeschrieben. Auf dieser Grundlage entwickelten Altmann und Berndt eine Führungskonzeption für die Polizei (Huf 2010: 18f). „Sie entwickelten dabei das Kooperative Führungssystem, welches aber keine eigenständige Erfindung der beiden war, sondern ein Ordnungsversuch und Sortiermuster für die Vielzahl der zur damaligen Zeit diskutierten Führungs- und Managementkonzepte." (ebd.: 19). Diese Führungskonzeption und der damit einhergehende Führungsstil wurden in verschiedene Vorschriften der Polizeien der Länder und des Bundes aufgenommen. Für alle Polizeien in Deutschland schlussendlich verbindlich wurde dies mit der Neufassung der Polizeidienstvorschrift (PDV) 100 im Jahr

---

[2] Die Polizeiführungsakademie in Münster wurde im Jahr 2006 zur Deutschen Hochschule der Polizei.

1999 und der dortigen Ausweisung als verbindliche Führungskonzeption (siehe Kapitel 1). Als Vorschrift hat sie verbindliche Wirkung nach innen. Handlungsspielraum bleibt den Betroffenen nicht.

3.1.2 *Informell*

Neben dieser formalen Verbindlichkeit der kooperativen Führung kommt die jahrelange Prägung der Polizei als Organisation hinzu. Eine Untersuchung der Curricula der Hochschulen der Polizeien aus dem Jahr 2010 hat gezeigt, dass zu diesem Zeitpunkt kooperative Führung durchgängig als anzustrebender Führungsstil in der Lehre vermittelt wurde (Thielmann 2010). Diese Dominanz in der Lehre hat entsprechenden Einfluss auf das Führungsverständnis in der Polizei. „Praktisch alle heute aktiven Polizeibeamtinnen und - beamten [...] in Führungsfunktionen sind in ihrem Studium an der PFA/DHPol [Polizeiführungsakademie/Deutsche Hochschule der Polizei] bzw. in ihrem Fachhochschulstudium und in Fortbildungsveranstaltungen zum Thema „Führung" mit den sechs Elementen des KFS [Kooperativen Führungssystems] nach Altmann/Berndt vertraut gemacht worden" (Neidhardt 2017: 302). Aus diesem Grund besteht weitestgehend Konsens innerhalb der Polizei hinsichtlich des Führungsverhaltens.

Als Ursache für die weitestgehende Konstanz in der Lehre - Barthel/Heidemann bezeichnen es sogar als Stagnation eines Führungsdiskurses - können institutionelle Faktoren ausgemacht werden. So wurden in der damaligen Polizeiführungsakademie Lehrende im Lehrfach „Führung" vorrangig vor dem Hintergrund der Praxiserfahrung rekrutiert. So wurden Lehrende häufig für drei bis fünf Jahre von ihren eigentlichen Dienststellen zur Polizeiführungsakademie abgeordnet, im Anschluss gingen sie zurück in den Polizeidienst. Eine besondere Ausbildung oder Qualifikation war in der Regel nicht erforderlich (Barthel/Heidemann 2017: 10f.). Dass in diesem Umfeld eine theoretische Auseinandersetzung und Belebung eines Führungsdiskurses nur schwerlich möglich ist, ist nachvollziehbar. Mit der zunehmenden Akademisierung der polizeilichen Berufsausbildung in den vergangenen Jahren könnte dieser Führungsdiskurs jedoch wieder Gestalt annehmen (ebd.: 12-16).

3.2 Analyse der aktuellen Situation

Zur Analyse der Stärken und Schwächen des aktuell vorgeschriebenen Kooperativen Führungssystems werden dessen oben genannte sechs Elemente herangezogen.

4

3.2.1 Stärken

Das erste Element der Delegation zeichnet sich dadurch aus, dass die Führungskraft Aufgaben sowie die sich daraus ergebende Kompetenz und Verantwortung an die nachgeordneten Mitarbeiter überträgt. Delegation sollte immer auf die niedrigste Organisationsebene erfolgen, die gerade noch dazu in der Lage ist, die Aufgabe zu erfüllen (Huf 2010: 26). Dadurch können Mitarbeiter gefördert und motiviert, sowie Spezialisten herausgebildet werden (Pinnow 2005: 281f.). Delegation kommt im polizeilichen Alltag bei Sofort- und Zeitlagen[3] sowie im Verwaltungsdienst in Betracht.

Die Partizipation der Mitarbeiter im Kooperativen Führungssystem kommt insbesondere zum Ausdruck in der „Beteiligung von Mitarbeitern an der Festlegung von Zielen und an der Art der Durchführung auf der entsprechenden Führungsebene" (Altmann/Berndt 1992: 239). Größte Stärken der Beteiligung sind die Steigerung der Arbeitsqualität sowie der Mitarbeiterzufriedenheit (Huf 2010: 27). Darüber hinaus wirkt sich Beteiligung positiv auf den Organisationserfolg aus (Biemann/Weckmüller 2015: 55). Partizipation wird im polizeilichen Alltag vorrangig bei Zeitlagen sowie im Verwaltungsdienst in Frage kommen.

Mit der Beteiligung der Mitarbeiter geht auch die Transparenz für die getroffenen Entscheidungen einher. Transparenz im Kooperativen Führungssystem bedeutet die ständige Information der Mitarbeiter über alle Führungsmaßnahmen sowie die Gewährung der Möglichkeit zur Rückkopplung (Altmann/Berndt 1992: 239). So wird durch Schaffung von Transparenz unter anderem die Akzeptanz für die Entscheidungen maßgeblich erhöht sowie Missverständnissen vorgebeugt (Huf 2010: 27). Sowohl Aspekte der Partizipation als auch der Transparenz sind maßgebliche Faktoren zur Bindung von Mitarbeitern der Generation Y, was zunehmend an Bedeutung gewinnt (Grimm 2016: 50).

Repräsentation soll einerseits horizontal sowie vertikal und andererseits nach innen wie nach außen erfolgen (Altmann/Berndt 1992: 239). Als Vorteile der Repräsentation bezeichnet Huf „die Steigerung des Amts- und Sozialprestige, die Schaffung einer Vertrauensatmosphäre, die Stärkung des Zusammengehörigkeitsgefühls, die Anhebung des Selbstwertgefühls und der Zufriedenheit." (Huf 2010: 29)

---

[3] Als Sofortlagen werden polizeiliche Einsatzsituationen bezeichnet, die unerwartet entstehen und sofortiges polizeiliches Handeln erfordern. Im Gegensatz dazu stehen Zeitlagen, bei denen es sich um polizeiliche Einsatzsituationen handelt, die erwartet und planbar sind.

Beim Element der Kontrolle soll nicht die Suche nach Fehlern im Mittelpunkt stehen, sondern die Sicherung der Arbeitsziele. Um Misstrauen vorzubeugen soll die Kontrolle unter Anwendung von Transparenz und Offenheit erfolgen (ebd.: 30). Die zielorientierte Kontrolle dient der frühzeitigen Erkennung von Zielabweichungen und der Verwirklichung des letzten Elements, der Leistungsfeststellung. Das Element umfasst die „Feststellung der Leistungen anderer, objektivierte Leistungsbewertung und Förderung" (Altmann/Berndt 1992: 239). Bei entsprechender Umsetzung führt die Leistungsfeststellung unter anderem zu objektiveren Beurteilungen, Transparenz der Personalentscheidungen, Motivation der Mitarbeiter und zur Verbesserung des Binnenklimas (Huf 2010: 31).

Element des Kooperativen Führungssystems	Stärken
Delegation	Selbstverwirklichung
	Fördern von Kreativität
	Erhöhung von Zufriedenheit
	Fördern der Eigenverantwortung
	Entlastung der Führungskraft
Beteiligung	Steigerung der Arbeitsqualität
	Steigerung der Mitarbeiterzufriedenheit
	Erhöhung der Akzeptanz
	Erhöhung des Organisationserfolgs
Transparenz	Erhöhung der Akzeptanz
	Reduktion von Missverständnissen
	Erhöhung von Zufriedenheit
Repräsentation (nach innen und außen)	Steigerung Amts- und Sozialprestige
	Schaffung von Vertrauen
	Stärkung des Zusammengehörigkeitsgefühls
	Stärkung des Selbstwertgefühls

	Erhöhung von Zufriedenheit
Zielorientierte Kontrolle	Frühzeitige Erkennung von Zielabweichungen
	Ermöglichung der Leistungsfeststellung
Leistungsfeststellung	Objektivere Beurteilungen
	Transparenz der Personalentscheidungen
	Motivation der Mitarbeiter
	Verbesserung des Binnenklimas

Abb. 2: Überblick über die Stärken der Elemente des Kooperativen Führungssystems (eigene Darstellung).

3.2.2 Schwächen

Da Aufgaben auf die niedrigste Ebene delegiert werden sollen, die gerade noch dazu in der Lage ist, diese zu erfüllen, besteht die Gefahr, dass die Aufgabe zu weit nach unten delegiert wird und die optimale Aufgabenerfüllung nicht mehr gewährleistet ist. Dies kann im polizeilichen Alltag teils schwere Folgen nach sich ziehen, da es hier zu Grundrechtseingriffen kommt. Weiterhin umfasst das Element der Delegation das Problem der Principal-Agent-Theorie. Diese Theorie geht davon aus, dass der sogenannte Agent, also im Fall der Delegation der Ausführende, einen Informationsvorsprung gegenüber dem Principal, im Fall der Delegation des Vorgesetzten, hat (Bea/Göbel 2006: 159f). Da der Agent selbst seine Fähigkeiten und Absichten am besten beurteilen kann und bei vom Principal abweichenden Zielen „seinen Informationsvorsprung zu Lasten des Prinzipals" (ebd.: 160) ausnutzen wird, müssen entsprechende Gegenmaßnahmen getroffen werden. Voraussetzung für Delegation ist daher ein entsprechendes Vertrauensverhältnis.

Sowohl das Element der Partizipation, als auch das Element der Transparenz ist im Polizeidienst je nach Aufgabenbereich und Situation unterschiedlich ausgeprägt anwendbar. In der Literatur wird zwischen ‚weichen' und ‚harten' Aufgabenbereichen in der Polizeiarbeit differenziert - „drinnen vs. draußen, Verwaltung vs. Gefahr" (Wilz 2012: 123). Sowohl Partizipation als auch Transparenz bedarf einer gewissen zeitlichen Komponente. So müssen die Mitarbeiter über die jeweilige Situation und die für die Entscheidung relevanten Parameter informiert werden. Dies ist insbesondere bei polizeilichen Lagen, die ein sofortiges Handeln erfordern, in der Regel nicht umsetzbar. In diesen Fällen muss durch die Führungskraft schnellstmöglich eine Entscheidung getroffen werden. Diese Entscheidung wird den Mitarbeitern befehlsmäßig mitgeteilt und diese müssen sie umsetzen. Nur so kann die Aufgabenerfüllung gewährleistet werden und im Ernstfall Menschenleben gerettet oder der Straftäter gefasst werden. Wird diese Art der Führung in einer solchen Situation wohl kaum jemand kritisieren, entspricht sie dennoch nicht den Grundsätzen kooperativer Führung. Vielmehr ist diese Art der Führung dem autoritären Führungsstil zuzuordnen. Aus diesem Grund wurde die Einführung kooperativer Führungselemente in die Polizei bereits zu Beginn kritisch gesehen (Schulte 2017: 39). Laut Harrach bleibe „der – zudem meist nicht praktizierte – Entwurf einer anderen Berufswirklichkeit [kooperativer Führung; W.S.] schöner Schein" (Harrach 1983: 160f., zit. aus: ebd.). Dass Befehl und Gehorsam den überwiegenden Teil der Führung in der Polizei ausmacht, entspricht zwar nicht der Wirklichkeit, dennoch ist dessen Vorhandensein nicht von der Hand zu weisen (ebd.: 40).

Kooperative Führung mit den genannten Führungselementen in einer Organisation vorzuschreiben, deren aufgabenimmanente Eigenart deren konsequente Umsetzung unmöglich macht, erscheint damit in der Gesamtschau als nicht sinnvoll.

3.3 Problem der Vorschrift eines Führungsstils

Neben der Untersuchung der einzelnen Elemente des Kooperativen Führungssystem auf deren Stärken und Schwächen soll im Folgenden analysiert werden, wie sinnvoll die Vorschrift eines konkreten Führungsstils bei der Polizei ist.

Führung auf einen einzelnen Führungsstil zu reduzieren, wird der Realität nur in geringem Maße gerecht und lässt bestehendes Führungspotential ungenutzt. Den einen perfekten Führungsstil für jede Situation gibt es nicht. Dieser Annahme folgt auch die situative Führungstheorie nach Hersey/Blanchard. Bei dieser Führungstheorie werden vier verschiedene Führungsarten angeführt, deren Einsatz vom Reifegrad des jeweiligen Mitarbeiters abhängig gemacht wird. Der Reifegrad definiert sich aus der Funktionsreife sowie der psychologischen Reife des Mitarbeiters (Hungenberg/Wulf 2015: 323-325). Unterschieden werden vier Reifegrade, denen jeweils ein Führungsstil zugeordnet ist (siehe Abb. 3). Diese Führungstheorie aus den Siebzigerjahren wurde bislang kaum empirisch belegt (Hungenberg/Wulf 2015: 325). Jedoch haben jüngere Studien belegt, dass der Erfolg einer Führungskraft steigt, je mehr Führungsstile diese beherrscht (Goleman 2000: 14). „Bei Führungskräften, die über vier oder mehr Stile geboten […], stand es um Klima und Arbeitsleistung am besten." (ebd.)

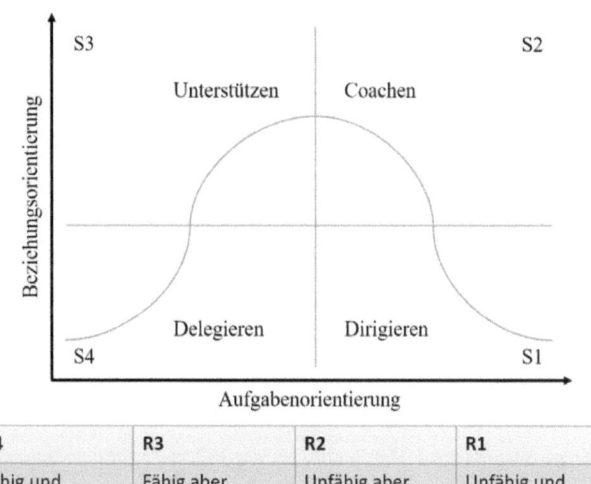

R4	R3	R2	R1
Fähig und willig/sicher	Fähig aber unwillig/unsicher	Unfähig aber willig/sicher	Unfähig und unwillig/unsicher

Abb. 3: Situative Führungstheorie von Hersey und Blanchard, eigene Darstellung.

In der Wissenschaft fehlt es bislang an einer allgemein anerkannten Führungstheorie. Dies ist an der Vielzahl unterschiedlicher Führungssituationen zu begründen (Hungenberg/Wulf 2015: 329). Allein innerhalb der Polizei gibt es verschiedenste Organisationseinheiten, die sich anhand ihrer Aufgaben und Strukturen unterscheiden. Wie bereits oben (vgl. 3.2.2) kurz angesprochen, kann zwischen ‚weichen' und ‚harten' Aufgabenbereichen in der Polizeiarbeit differenziert werden (Wilz 2012: 123). So lässt sich die Polizeiarbeit meist unterteilen in „Schutzpolizei (‚S'), allgemeinen Polizeivollzugsdienst (Gefahrenabwehr, Strafverfolgung, Verkehr) und Kriminalpolizei (‚K') sowie die Bereiche Verwaltung und Logistik, die mit zentralen Aufgaben befasst sind." (ebd.: 120). Jeder dieser Bereiche unterscheidet sich auch hinsichtlich der Führungssituationen. So müssen in manchen Bereichen häufiger schnelle Entscheidungen getroffen werden, während in anderen Bereichen eher Verwaltungstätigkeiten wahrgenommen werden. Im Lichte des aktuellen Forschungsstandes wird also deutlich, dass die Vorschrift eines einheitlichen Führungsstils auch und gerade in der Polizei nicht zielführend sein kann.

4 Forschungsansätze zu alternativen Lösungsmöglichkeiten

Wie Barthel/Heidemann (2017: 7-11) feststellen, wurde das Kooperative Führungssystem im Lichte des Forschungsstandes der 70er- und 80er-Jahre entwickelt. Seitdem gibt es nur wenig Führungsdiskurs innerhalb der Polizei. Eine Weiterentwicklung der Führungslehre in der Polizei fand aus verschiedenen Gründen kaum statt (vgl. Kapitel 3.1). Die seit Jahren als selbstverständlich angenommenen Leitlinien zur Führung sollten kritisch hinterfragt und wissenschaftlich überprüft werden. Im deutschen Raum gibt es aus zuvor genannten Gründen kaum Studien zur Thematik.

Verschiedene Ansätze hierzu finden sich jedoch im angelsächsischen Raum. So untersuchte eine jüngere US-amerikanische Studie die Auswirkungen des transformationalen Führungsstils auf das Wohlbefinden von Polizeibeamten (Can et al. 2016). Gerade der transformationale Führungsstil findet in jüngerer Zeit „breite Beachtung in der Führungslehre" (Hungenberg/Wulf 2015: 328f.). Dieser zeichnet sich dadurch aus, dass die Einstellungen, Vorstellungen und Wünsche der Mitarbeiter beeinflusst werden. Dazu vermittelt die Führungskraft eine Vision (ebd.). Die Studie, bei der 152 Polizeibeamte befragt wurden, kam zum Ergebnis, dass sich der transformationale Führungsstil positiv auf das Wohlbefinden von Polizeibeamten auswirkt (Can et al. 2016: 105).

Eine Studie in den Niederlanden untersuchte die Auswirkungen des Führungsstils, Geschlechterverteilung und Teameigenschaften auf die vereinbarten Leistungsziele innerhalb der Polizei. Diese kam zu folgendem Ergebnis: „In summary, the outcome of the multiple mixed regression analysis […] shows that team performance does regress on CET leadership style." (Shaveling 2017: 364). Als ‚CET leadership style' wird dabei eine Kombination aus charismatischem, befähigendem und transaktionalem Führungsverhalten verstanden. Darüber hinaus zeigte sich, dass sich auch eine homogene Geschlechterverteilung innerhalb des Teams vorteilhaft auf die Ergebnisse auswirkte. „The results of this study would suggest that a CET leadership style, gender homogeneity and a team's awareness of their score improve team performance." (ebd.)

Dass Hierarchien eine elementare Rolle spielen, um Führungsverhalten in der Polizei zu verstehen, belegt eine Untersuchung von Davis (2017) aus Großbritannien. Er kommt zum Ergebnis, dass verschiedene Faktoren innerhalb der festen Hierarchien als Hemmnis für alternatives Führungsverhalten wirken. Die besonders hierarchisch geprägten Strukturen innerhalb der Polizei müssten daher bei künftigen Führungsdiskursen beachtet werden (Davis 2017: 3).

Diese drei vorgestellten Studien stellen nur einen kleinen Ausschnitt innerhalb der angelsächsischen Literatur dar. Es wird deutlich, dass in anderen Ländern der Forschungsstand auf dem Gebiet der Führung in der Polizei weiter fortgeschritten ist. Für die deutsche Polizei können diese Studien jedoch lediglich zur Orientierung und Thesenbildung herangezogen werden, da sich die deutsche Polizei von Polizeien anderer Länder in verschiedener Hinsicht unterscheidet. So bestehen bereits hinsichtlich des Organisationsaufbaus häufig große Unterschiede zu Polizeien im Ausland.

5 Fazit

Es konnte festgestellt werden, dass die kooperative Führung für alle Polizeien des Bundes und der Länder gemäß Polizeidienstvorschrift (PDV) 100 verbindliche Führungsverhaltensvorschrift ist. Verbindliche Führungskonzeption ist das Kooperative Führungssystem, das in den 70er-Jahren durch Lehrende an der Polizeiführungsakademie entwickelt wurde. Neben der formalen Vorschrift dieses Führungsstils wird dieser auch in der Lehre durchgängig als anzustrebender Führungsstil in der Polizei vermittelt. Verschiedene institutionelle Voraussetzungen im Bereich der Führungslehre an der Deutschen Hochschule der Polizei verhinderten in den letzten Jahren zudem einen wissenschaftlichen Führungsdiskurs.

Die Analyse der aktuellen Situation hat gezeigt, dass das Kooperative Führungssystem verschiedene Stärken hat. So kann dessen Anwendung die Arbeitsqualität und die Mitarbeiterzufriedenheit stärken. Auch eignen sich die Elemente des Kooperativen Führungssystem zur langfristigen Mitarbeiterbindung, was insbesondere mit Blick auf die Generation Y und Z an Relevanz gewinnt.

Schwächen im Kooperativen Führungssystem finden sich insbesondere bei dessen Anwendung bei polizeilichen Sofortlagen. Denn sofortiges Handeln kann unter Umständen nur als Befehl erfolgen, was im Gegensatz zu den Elementen der Partizipation und Transparenz steht. Gewisse polizeiliche Situationen erfordern daher vorrangig die Anwendung eines autoritären Führungsstils. Die Beschränkung auf und Vorschrift eines einzelnen Führungsstils entspricht auch nicht dem heutigen Forschungsstand im Bereich der Personalführung. Vielmehr sind es situative Ansätze die erfolgversprechend sind. So kamen Untersuchungen unter anderem zum Ergebnis, dass der Erfolg einer Führungskraft steigt, je mehr Führungsstile diese beherrscht.

Forschungen im Bereich der Personalführung in der Polizei gibt es im deutschsprachigen Raum kaum. Mögliche Ansätze finden sich dagegen im angelsächsischen Raum. So gibt es

Studien, die die positive Wirkung des transformationalen Führungsstils wie auch eine Kombination aus charismatischem, befähigendem und transaktionalem Führungsverhalten belegen. Die Analyse der Forschungsansätze hat auch gezeigt, dass die besonderen Hierarchien innerhalb der Polizei bei der Forschung im Bereich der Führung nicht außer Acht gelassen werden dürfen. Diese Forschungen können jedoch nur als Anhaltspunkt für künftige wissenschaftliche Untersuchung in Deutschland dienen. Im Rahmen dieser Arbeit konnte jedoch gezeigt werden, dass der Führungsdiskurs innerhalb der Polizei vorangetrieben werden muss und das aktuell praktizierte Führungsmodell anhand künftiger Studien überprüft werden sollte.

Literaturverzeichnis

Altmann, Robert/Berndt, Günter (1992). Grundriß der Führungslehre (1): Grundlagen kooperativer Führung, 3. Auflage, Lübeck: Schmidt-Römhild.

Bea, Franz Xaver/Göbel, Elisabeth (2006): Organisation, 3. Auflage, Stuttgart: Lucius & Lucius.

Biemann, Torsten/Weckmüller, Heiko (2015): New Work: Was bringen Demokratisierung, Partizipation und Selbstbestimmung?, in: PERSONALquarterly 04/15: 52-55.

Can, Hakan S./Hendy, Helen M./Can, M. Berkay Ege (2016): A Pilot Study to Develop the Police Transformational Leadership Scale (PTLS) and Examine Its Associations with Psychosocial Well-Being of Officers, in: Journal of Police and Criminal Psychology 32: 105-113.

Davis, Claire (2017): Police Leadership: An Exploratory Study of the Perceptions of Police Officers, Onlinequelle: http://irep.ntu.ac.uk/id/eprint/33121/1/Final%20Thesis.PDF (Abrufdatum: 10.09.2018), veröffentlicht: 07/2017.

Goleman, Daniel (2000): Durch flexibles Führen mehr erreichen, in: Harvard Business manager 5/2000: 2-14.

Grimm, Alexander (2016): Mitarbeiterbindung in der Generation Y, in: Zeitschrift Führung und Organisation 85: 45-50.

Huf, Gerhard (2010): Das Kooperative Führungssystem im 21. Jahrhundert – Eine Sekundärdatenanalyse einer Erhebungsstudie „Führung und Management" bei der Polizei in Bayern im Abgleich mit einer empirischen Befragung, Münster: Deutsche Hochschule der Polizei.

Hungenberg, Harald/Wulf, Torsten (2015): Grundlagen der Unternehmensführung - Einführung für Bachelorstudierende, 5. Auflage, Berlin/Heidelberg: Springer.

Mensching, Anja (2008): Gelebte Hierarchien: Mikropolitische Arrangements und organisationskulturelle Praktiken am Beispiel der Polizei, Wiesbaden: VS Verlag für Sozialwissenschaften.

Neidhardt, Klaus (2017): Anforderungen an eine moderne Führungskonzeption der Polizei, in: Stierle, Jürgen/Wehe, Dieter/Siller, Helmut (Hrsg.): Handbuch Polizeimanagement: Polizeipolitik - Polizeiwissenschaft - Polizeipraxis, Wiesbaden: Springer Gabler: 299-340.

Pinnow, Daniel F. (2005): Führen - Worauf es wirklich ankommt, Wiesbaden: Gabler.

Schaveling, Jaap/Blaauw, Saskia/van Montfort, Kees (2017): Predictors of Group Performance in a Police Criminal Investigation Department: the Role of Gender Homogeneity, Leadership and Team Characteristics, in: Journal of Police and Criminal Psychology 32: 358-368.

Schirmer, Uwe/Woydt, Sabine (2016): Mitarbeiterführung, 3. Auflage, Berlin/Heidelberg: Springer.

Schulenburg, Nils (2016): Führung einer neuen Generation: Wie die Generation Y führen und geführt werden sollte, Wiesbaden: Springer.

Schulte, Wolfgang (2017): Entwicklung der Polizeiorganisation in der Bundesrepublik Deutschland, in: Stierle, Jürgen/Wehe, Dieter/Siller, Helmut (Hrsg.): Handbuch Polizeimanagement: Polizeipolitik - Polizeiwissenschaft - Polizeipraxis, Wiesbaden: Springer Gabler: 23-48.

Tannenbaum, Robert/Schmidt, Warren H. (1958). How to choose a leadership pattern. Harvard Business Review 36: 95–101.

Tannenbaum, Robert/Schmidt, Warren H. (1973): How to choose a leadership pattern, in: Harvard Business Review 1973: 162-180.

Thielmann, Gerd (2010): Ist das Kooperative Führungssystem (KFS) in den Curricula der polizeilichen Hochschulen verankert? Ergebnis einer Auswertung der Curricula von sechzehn Länder- und zwei Bundeseinrichtungen der Polizei sowie der Deutschen Hochschule der Polizei, in: Die Polizei 4: 98–102.

Uhlendorff, Wolfgang/Jäger, Michael (2011): Führung in der Polizei, 5. Auflage, Stuttgart: Boorberg.

Wilz, Sylvia M. (2012): Die Polizei als Organisation, in: Apelt, Maja/Tacke, Veronika (Hrsg.): Handbuch Organisationstypen, Wiesbaden: Springer: 113-131.